JN117176

上級!!
小学生の数独

ニコリ　編

はじめに

この本で、思いきり遊んでください。

ペンシルパズルは、アタマの格闘技です。

あなたの武器は、「推理する力」、「集中する力」、「ガマンする力」、

それとリラックス。

いつでも、どこでも、闘ったり、休んだり、OKです。

いつのまにか、その連続が、あなたの自信になっていきます。

パズルを通じて、あなたが大きくなりますように。

解けるとうれしいぞ。よし、次の一問だ。

ニコリ代表
カジマキ

も　く　じ

＊本書には数独のほか、おまけパズルとして「ナンバーリンク」
「四角に切れ」というパズルも掲載しているので挑戦してみて
ください。これらのパズルは小社刊「あつまれ!! 小学生の数
独」では「数字をつなごう」「四角に切ろう」という名前で載っ
ています。

数独の解きかた

数独は、空いているマスに数字を入れていくパズルです。

問題

6	8	9	5	2	7	4	3	
	1		4				2	
	3	2	1					7
5	9		2	7	8	6	1	3
			3		9			
3	2	7	6	4	1		8	5
8					4	1	5	
	5				2		4	
	4	1	8	3	5	7	6	9

こたえ

6	8	9	5	2	7	4	3	1
7	1	5	4	9	3	8	2	6
4	3	2	1	8	6	5	9	7
5	9	4	2	7	8	6	1	3
1	6	8	3	5	9	2	7	4
3	2	7	6	4	1	9	8	5
8	7	3	9	6	4	1	5	2
9	5	6	7	1	2	3	4	8
2	4	1	8	3	5	7	6	9

空いているマスが全部うまるとできあがりです。

どうやってうめたらいいか、次のページから説明しましょう。

数独のルール

数字の入っていないマスに、1から9までのどれかを入れましょう。

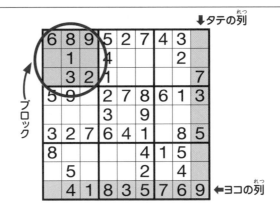

①どのタテの列にも、1から9までの数字が1つずつ入ります。
（列は9列あります）
②どのヨコの列にも、1から9までの数字が1つずつ入ります。
（列は9列あります）
③太い線で囲まれた9マスのブロックの中にも、1から9までの数字が1つずつ入ります。（ブロックは9個あります）

6	8	9	5	2	7	4	3	1
7	1	5	4	9	3	8	2	6
4	3	2	1	8	6	5	9	7
5	9	4	2	7	8	6	1	3
1	6	8	3	5	9	2	7	4
3	2	7	6	4	1	9	8	5
8	7	3	9	6	4	1	5	2
9	5	6	7	1	2	3	4	8
2	4	1	8	3	5	7	6	9

左のように、どのタテの列、ヨコの列、ブロックの中にも、同じ数がダブらずに9つ入れば完成です。

◆数独を解いてみよう◆

数字がたくさん入っているブロックを探そう。
中央のブロックは8個数字が入っていて、空いているマスは1つだけ。まだ入っていない数字を調べると、5が入る。

6	8	9	5	2	7		4	3
	1			4				2
	3	2	1					7
5	9		2	7	8	6	1	3
			3		9			
3	2	7	6	4	1		8	5
8				4	1	5		
	5				2		4	
	4	1	8	3	5	7	6	9

— 5が入る

数字がたくさん入っている列も、考えやすいよ。
いちばん上のヨコ列は空いているマスが1つだけ。まだ入っていない数字を調べると、1が入る。
いちばん下のヨコ列も空いているマスが1つだけ。まだ入っていない数字を調べると、2が入る。

6	8	9	5	2	7		4	3
	1			4				2
	3	2	1					7
5	9		2	7	8	6	1	3
			3		9			
3	2	7	6	4	1		8	5
8				4	1	5		
	5				2		4	
	4	1	8	3	5	7	6	9

1が入る

2が入る

数独では「この数字はブロックの中でどこに入るかな」という考えかたを多く使う。
5は左上のブロックでどこに入るかな？

タテやヨコの列にもう入っている5に気をつけよう。
同じ列に同じ数字は入らないので、★のマスに5が入る。

もう5が入っている列に5を入れてはダメ!

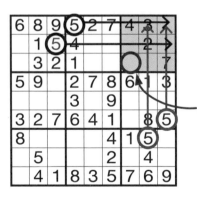

★に5が入ると、右上のブロックでも5の入るところが決まるよ。

ここ!

こうやって、入りやすいところから解いていこう。

◆さらに進んだ考えかた◆

むずかしい数独を解くためには、ほかの考えかたもしてみよう。

前のページのように「この数字はブロックの中でどこに入るかな」という考えかたで、まずは解いていこう。

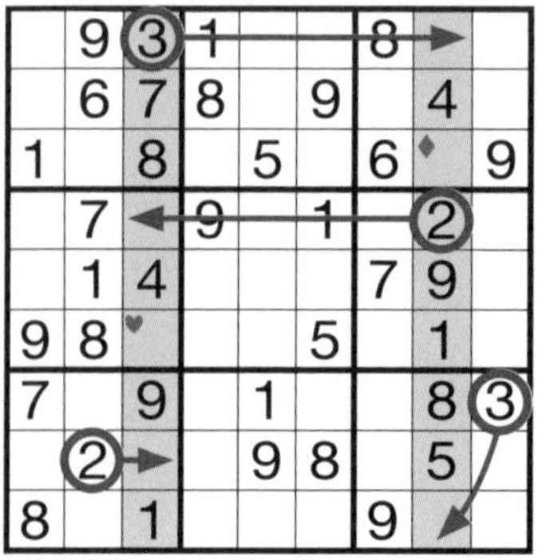

1や8や9がたくさん入るけれど、このあとは同じ考えかたで進めることはできない。ここでは「この数字は、列の中でどこに入るかな」という考えかたを使う。左から3列目で、まだ入っていない2がどこに入るかを考えよう。同じ列・同じブロックに2があったらそのマスには2は入れられないので、♥のマスに2が入る。

右から2列目でまだ入っていない3も同じように考えてみよう。3を入れられるのは◆のマスだけだ。

このように、ブロックで手がかりが見つからなかったら列を、列で見つからなかったらブロックを見て解くこともできる。
身につけて、さらに数独をマスターしよう。

8

数独
すう　　どく

SUDOKU

数字が多く入ったブロックや列から解こう。
すうじ　おお はい　　　　　　　　　　　　れっ　　と

解けたら、色をぬろう

1

9	6	3	4			8		
8	5		1	3		4	7	
7		1		5	9	2	3	6
1	2			8	5	9		
	3	7	6	9	1	5	2	
		8	2	7			6	3
2	8	5	7	1		6		4
	1	4		6	8		5	2
		9			2	3	8	1

つか
使うすうじ　1・2・3・4・5・6・7・8・9

10

月　日　☀☁☂⛄

解けたら、色をぬろう

②

2	5		6		8		9	7
1	3	9		2		6		4
	8		1	9	4		3	
9		6	3		5	2		8
	4	8		6		7	1	
5		2	4		1	9		3
	6		7	5	3		2	
7		3		4		8	5	1
4	9		8		2		7	6

使うすうじ　1・2・3・4・5・6・7・8・9

月　日　☀ ☁ ☂ ⛄

解けたら、色をぬろう

③

4	6	2		3	9	7		1
	1				5	2	8	
8	5	9		7		3	6	4
			7		3		4	5
1		7	5		6	8		2
3	2		1		4			
5	7	4		1		9	2	3
	9	8	3				1	
6		1	9	4		5	7	8

使うすうじ　1・2・3・4・5・6・7・8・9

12

月　　日

4

	7	5	1					
9	2		3	6		1	5	4
4	6		2	9		8	3	7
	9	6	4			5	1	8
8	1	2			9	6	4	
1	5	4		7	3		8	6
2	3	7		1	6		9	5
					4	3	7	

使うすうじ　1・2・3・4・5・6・7・8・9

月　日　

5

4	3	5			9	6	7	
7	6			5	8		2	1
8			4	6				9
		3	2				8	4
	2	4				3	5	
5	9				3	1		
9				7	1			3
2	8		5	3			9	6
	4	7	6			8	1	5

使うすうじ　1・2・3・4・5・6・7・8・9

月 日

解けたら、色をぬろう

6

					6	2		
	7	1	2	5			9	
	8	4	7		9	1		6
	7	3		9		5	8	
9	6		8		4		1	3
	4	5		1		6	2	
3		9	6		2	8	7	
	1		5	7	3	9		
		6		8				

使うすうじ　1・2・3・4・5・6・7・8・9

15

月　日　

解けたら、色をぬろう

7

1		9	3	2				8
	5			1	4	7	6	
	7				5			9
	4	3	2		6			5
2	1						3	7
6			7		1	4	8	
5			1				9	
	3	7	6	4			5	
4				9	8	3		6

使うすうじ　1・2・3・4・5・6・7・8・9

8

	4	3	8	1				
		2	7					3
		6	2		4	8	7	1
		4	3		1	7	8	9
3								4
8	1	7	9		6	5		
9	6	8	4		2	3		
2					3	4		
				9	7	2	5	

使うすうじ　1・2・3・4・5・6・7・8・9

解けたら、色をぬろう

9

	6	2	1	3				
	5	7	6	2		1		4
	1	4	7	9				
	2	6	8	4		9		5
1		9		5	6	7	8	
				1	2	3	4	
4		1		8	7	6	5	
				6	9	8	7	

使うすうじ **1・2・3・4・5・6・7・8・9**

10

1	2	3	4	5				
4					2	9	1	3
7	8	9	6					5
						7	3	2
			1	2	6			
2	4	5						
6					5	1	2	7
8	1	7	2					4
				1	4	3	8	6

使うすうじ　1・2・3・4・5・6・7・8・9

月　日　

解けたら、色をぬろう

‖

1	9	5	4	6				3
	2			1			5	9
		3				6		2
				2			4	5
6			3	9	8			1
2	7			1				
5		7				9		
4	6				3		2	
9				4	5	1	3	7

使うすうじ **1・2・3・4・5・6・7・8・9**

解けたら、色をぬろう

12

	8		4		7		6	
9	1		8		5		4	7
7	4		3	1	2		8	5
			7		4			
1	2		6	9	8		3	4
4	5		2		1		7	3
	3		9		6		2	

使うすうじ　1・2・3・4・5・6・7・8・9

月 日 ☀ ☁ ☂ ⛄

解けたら、色をぬろう

13

8	9	5			3			4
6		2		7			1	
4	1		5			3		
		9			8			7
	8			6			2	
3			2			4		
		1			5		3	8
	6			1		5		9
9			3			1	7	6

つか
使うすうじ 1・2・3・4・5・6・7・8・9

22

14

		6	5			2	8	
	7	4			1		5	6
2	1			9				7
5			6				9	
		8				4		
	3				7			5
9				4			1	2
1	5		9			8	7	
	6	7			8	5		

使うすうじ 1・2・3・4・5・6・7・8・9

すう どく
数独 9×9

| がつ 月 | にち 日 | | | | |

15

3				7		4		1
	8		2		6		5	
		6		3				7
	4		3				1	
8		5		6		3		2
	1				2		9	
5				4		8		
	6		7		1		3	
4		2		5				6

つか
使うすうじ 1・2・3・4・5・6・7・8・9

24

月　　日　☀ ☁ ☂ ⛄

解けたら、色をぬろう

16

5			4			1		2
		4			1		5	
	7			2		9		8
8			7		5		1	
		6		4		2		
	1		8		2			5
3		1		8			6	
	2		3			7		
7		5			9			3

使うすうじ　**1・2・3・4・5・6・7・8・9**

25

とけたら、色をぬろう

17

	2		6		9		4	
6		3				2		5
	9		1				6	
1			3		2	9		8
				4				
7		6	5		8			4
	7				4		8	
8		2				7		3
	6		8		3		1	

つか
使うすうじ　1・2・3・4・5・6・7・8・9

解けたら、色をぬろう

月　日　☀☁☂⛄

18

1								2
	2	3	4		1	7	6	
	5	6				8	4	
	7		8		2		1	
	3		9		6		5	
	9	5				6	2	
	4	8	2		7	1	3	
2								4

使うすうじ　1・2・3・4・5・6・7・8・9

月　日

19

			2		3	1		
		9			6	7		
1	6			7			4	
8	1		9		7			6
		5				4		
3			8		4		1	7
	4			6			3	9
		2	1			5		
		7	3		5			

使うすうじ　1・2・3・4・5・6・7・8・9

20

4						1	2	
7	8	3			4			6
6			5				8	9
	5				2			
		6		7		3		
			6				4	
5	4			1			3	
2		3			5	9	6	
	8	7						2

使うすうじ 1・2・3・4・5・6・7・8・9

29

月　　日

21

	3			2				6
9		8			3		5	
	4		1			3		
		5		6			8	
6			3		2			7
	8			4		1		
		2			5		3	
	6		8			4		5
1				3			9	

使うすうじ　1・2・3・4・5・6・7・8・9

月　日　

解けたら、色をぬろう

22

		3					5	8
	4				9			2
5		9				6		
			3		2		6	
4		7		5		8		1
	2		8		7			
		5				4		9
7				6			3	
1	9					2		

使うすうじ　1・2・3・4・5・6・7・8・9

月　日　☀ ☁ ☔ ⛄

23

		8	1					4
			4		5	9		
6						3	2	
9	2			8			7	
		3	5	7				
	3			9			4	8
	6	2						5
	4	5		2				
7				3	1			

使うすうじ　1・2・3・4・5・6・7・8・9

解けたら、色をぬろう

24

			4			8	9	5
		8		1				4
	2					1		6
8			3		2			
	1			6			2	
			9		1			7
4		5					1	
9				7		5		
2	8	3			6			

使うすうじ　1・2・3・4・5・6・7・8・9

月　日　

解けたら、色をぬろう

25

7					8			2
	6	1	5				8	
	2		4			6		
	4	2	8		3			
				1				
			6		4	8	9	
		3			1		2	
	7				5	4	6	
1			2					3

使うすうじ 1・2・3・4・5・6・7・8・9

34

月　日　☀☁☂⛄

解けたら、色をぬろう

26

9	3				7			1
5	2			6			4	
		1				3		
		6			4			7
	8			2			5	
3			9			4		
		2			6			
	7			5			1	3
4			7				8	5

使うすうじ　1・2・3・4・5・6・7・8・9

月　　日　☀ ☁ ☂ ⛄

27

					7	5		
	7	8	2					9
	4		3		1	2		
	9	1	7					2
5					8	1	3	
		6	8		5		1	
9					2	7	8	
		7	6					

使うすうじ　1・2・3・4・5・6・7・8・9

解けたら、色をぬろう

28

					6	2	8	
	6	1	8					9
	2		1					5
	1	3	9					6
5					8	9	4	
2					5		3	
8					1	6	2	
	4	6	2					

使うすうじ　1・2・3・4・5・6・7・8・9

37

解けたら、色をぬろう

29

		6		5			2	9
	4				9	6		
8			2					7
		5	1				7	
		3				5		
	6				2	8		
2					3			8
		9	7				4	
7	1			6		9		

使うすうじ　1・2・3・4・5・6・7・8・9

解けたら、色をぬろう

30

		3			7			4
8	6		3				5	
				4			1	
	2		1					3
	8	7				4	9	
1					4		6	
	5			8				
	3				1		2	7
6			9			8		

使うすうじ　1・2・3・4・5・6・7・8・9

月　　日　☼　☁　☂　⛄

解けたら、色をぬろう

31

		9	6			2		
	3						4	
5				7	8			6
		5	1		6			3
		3				4		
2			3		9	7		
8			7	3				5
	7						3	
		4			2	6		

使うすうじ　1・2・3・4・5・6・7・8・9

解けたら、色をぬろう

32

			8			2		
		2		5	3		9	
	1			6				4
5					8		1	
	9	7				5	2	
	3		1					7
8				3			7	
	4		7	2		6		
		5			1			

使うすうじ　1・2・3・4・5・6・7・8・9

41

月　　日　

解けたら、色をぬろう

33

	9	4					3	
6				9				8
			5		1			4
		9		4		3		
	8		3		9		1	
		5		1		2		
4			2		5			
5				3				1
	7					6	2	

使うすうじ　1・2・3・4・5・6・7・8・9

34

9					5			6
	6	4	1		3		7	
							4	
8	9			2			6	
			9		4			
	7			8			1	5
	2							
	1		6		7	3	9	
7			5					1

使うすうじ　1・2・3・4・5・6・7・8・9

43

月　日　

解けたら、色をぬろう

35

		7		3		8		
	3			9			4	
2			6		8			1
		4				2		
7	6						1	8
		8				9		
1			4		2			6
	9			5			7	
		2		1		3		

使うすうじ **1・2・3・4・5・6・7・8・9**

36

		3			7	5		
9				5				2
	2			4			1	
		2	7				4	
1								6
	4				3	7		
	9			5			7	
4					8			1
		5	2			9		

使うすうじ　1・2・3・4・5・6・7・8・9

解けたら、色をぬろう

37

			5	3	6			
	3			8			1	
		5				9		
4			2		3			8
	2			9			5	
9			4		5			7
		4				1		
	8			7			2	
			9	2	1			

つか
使うすうじ　**1・2・3・4・5・6・7・8・9**

46

解けたら、色をぬろう

月　日　☀ ☁ ☂ ⛄

38

	1				3		4	
7		9		8				2
	2		5			6		
					4		6	
		3				1		
	9		6					
		6			5		8	
8				2		3		7
	5		1				9	

使うすうじ　1・2・3・4・5・6・7・8・9

47

解けたら、色をぬろう

39

			6		1			3
	2		5		3		4	
					7			
5	8					2	6	1
				4				
3	7	1					5	4
			2					
	6		9		8		2	
1			3		6			

使うすうじ　1・2・3・4・5・6・7・8・9

月　日　☀ ☁ ☂ ⛄

40

	2					5		
9		4		2			7	
			1					3
		6			9	1		5
	4			6			8	
8		3	7			2		
6					1			
	5			3		8		7
		1					4	

使うすうじ　1・2・3・4・5・6・7・8・9

49

月　日　☀☁☂⛄

解けたら、色をぬろう

41

			2				5	1
		5		1			4	8
	9		6					
3		8			9			
	2			8			1	
			5			2		3
					3		6	
7	6			9		8		
1	5				4			

使うすうじ 1・2・3・4・5・6・7・8・9

50

解けたら、色をぬろう

42

9			6	4			1	
		1				7		
5					8			4
	4				3			8
		6				1		
3			9				5	
8			5					3
		2				9		
	3			1	4			5

使うすうじ 1・2・3・4・5・6・7・8・9

月　日 ☀ ☁ ☂ ⛄

解けたら、色をぬろう

43

4		7	1			3		
		6	3				4	
8								5
	5				4			9
		3		2		8		
7			5				1	
1								8
	9				8	4		
		2			5	7		3

使うすうじ　1・2・3・4・5・6・7・8・9

月　　日

44

		2		5				
			6			4		
	3				8			1
6			2		5		9	
		5		6		1		
	1		8		3			7
3			5				6	
		7			1			
				9		2		

使うすうじ　1・2・3・4・5・6・7・8・9

月　日

解けたら、色をぬろう

45

		9			7		4	
	2			8				3
7			4			5		
		4					3	
6			8		2			7
	7					9		
		6			9			2
5				3			8	
	3		7			4		

使うすうじ　1・2・3・4・5・6・7・8・9

解けたら、色をぬろう

46

	7			4	9	2		
2			1					9
		5				7	4	
3	1				5			
				8				
			9				2	6
	9	2				1		
6					3			5
		4	5	6			8	

使うすうじ　1・2・3・4・5・6・7・8・9

55

解けたら、色をぬろう

47

			8	1				
	9	8				3	4	
	1	5				7	2	
3				9	6			
2			4		3			9
			1	8				5
	3	7				4	6	
	6	2				9	1	
			6	7				

使うすうじ　1・2・3・4・5・6・7・8・9

月　日　☀☁☂⛄

48

	9				2			1
		4				6		
7			1	5			3	
	3				9			7
		6				4		
2			4				8	
	6			9	1			2
		2				7		
1			7				9	

使うすうじ　1・2・3・4・5・6・7・8・9

57

月　日

解けたら、色をぬろう

49

	9		5				6	8
		2		4				
3			1			2		
8					6		5	
		9				7		
	2		3					1
		1			2			5
				6		3		
6	5				8		4	

使うすうじ　1・2・3・4・5・6・7・8・9

50

5			7			1		
	6				5			4
		2		3			8	
6			4			8		
	5						2	
		3			1			6
	8			9		7		
9			5				4	
		1			6			3

使うすうじ 1・2・3・4・5・6・7・8・9

月　日

解けたら、色をぬろう

51

6	9					1	8	
				6			4	
		7	5					2
		2	7					6
	3						1	
5					9	3		
9					3	1		
	6			5				
		4	2				7	9

使うすうじ　1・2・3・4・5・6・7・8・9

52

3				4		5	6	
		9	7					
	2				5			1
	5				4			7
		6		2		9		
1			6				8	
6			2				9	
					9	4		
	7	3		5				8

使うすうじ **1・2・3・4・5・6・7・8・9**

月 日

53

	3	4	8				1	
				2				9
		9			4			5
	6				8	4		
2								1
		7	5				6	
4			1			8		
9				4				
	1				3	2	7	

使うすうじ **1・2・3・4・5・6・7・8・9**

解けたら、色をぬろう

月 日 ☀ ☁ ☂ ⛄

54

		3		6				8
	7		2		1			
5		4			3			
	4					2	7	
9				1				6
	1	6					4	
			8			5		9
			4		9		2	
2				5		3		

使うすうじ 1・2・3・4・5・6・7・8・9

月(がつ)　日(にち)

解(と)けたら、色(いろ)をぬろう

55

	1	2				6	8	
	8			3			7	
9					4			
3					6	1		
				2				
		4	1					5
			6					8
	6			5			2	
	3	7				4	1	

使(つか)うすうじ　1・2・3・4・5・6・7・8・9

月　日

解けたら、色をぬろう

56

	1				4			9
3				9			2	
		7				6		
				6				4
	6		1		7		5	
9				3				
		3				7		
	4			1				8
2			9				4	

使うすうじ　1・2・3・4・5・6・7・8・9

65

月　　日　☀ ☁ ☂ ⛄

57

					1		8	7
	5			3				
2	7		4			6		
		3		6				5
	8		9		4		1	
7				8		2		
		5			9		6	3
				2			9	
9	1		8					

使うすうじ　1・2・3・4・5・6・7・8・9

解けたら、色をぬろう

58

1			8				2	
		4		9				
	3					5		6
2			7				9	
				4				
	5				6			3
9		7					4	
				3		2		
	6				5			8

つか
使うすうじ　1・2・3・4・5・6・7・8・9

月　日　☀ ☁ ☂ ⛄

59

7				2			3	8
	8				1			9
		4				7		
9			8			3		
	2						4	
		7			6			1
		6				8		
5			1				7	
3	9			4				6

使うすうじ 1・2・3・4・5・6・7・8・9

68

解けたら、色をぬろう

60

	7	2			8			
	9			6		2		
4			9				5	
		6			4			9
5		9				3		1
2			1			6		
	4				9			2
		8		2			6	
			6			4	8	

使うすうじ　**1・2・3・4・5・6・7・8・9**

61

2		1						3
					9	4	5	
3			6				9	
		9		3			2	
			1		7			
	6			4		8		
	4				2			5
	7	8	5					
5						1		6

使うすうじ　1・2・3・4・5・6・7・8・9

70

解けたら、色をぬろう

62

			5				6	
		8			4			5
	2			3				1
4				2		8		
		5	7		8	1		
		1		5				3
1				9			2	
8			6			4		
	3				5			

使うすうじ　1・2・3・4・5・6・7・8・9

月　　日　☀　☁　☂　⛄

解けたら、色をぬろう

63

5					4	2		
	9			1			8	
		3						7
	7		8			5		
	1						6	
		4			2		3	
6						1		
	5			3			7	
		2	5					4

つか
使うすうじ 1・2・3・4・5・6・7・8・9

64

	5		8				4	
	6			1			7	
8			4			2		
	1				9			
3		5		2		8		1
		5					6	
		9			6			5
	4			5			3	
	2				8		1	

使うすうじ **1・2・3・4・5・6・7・8・9**

月　日　☀　☁　☂　⛄

解けたら、色をぬろう

65

		3			2	5		
	5		7			1		
2				4				8
		5						4
	3		1		5		7	
7						6		
6				5				1
		4			6		9	
		9	8			3		

使うすうじ　**1・2・3・4・5・6・7・8・9**

月　日

66

					8	4		
7		1		2			5	
	2			5			9	
8		3			4	5		
		5	7			3		2
	4			8			1	
	3			1		9		7
		2	5					

使うすうじ 1・2・3・4・5・6・7・8・9

解けたら、色をぬろう

67

1					2			4
	8				5		7	
					9			
4	3	2		9				
			7		1			
				8		6	5	3
			6					
	5		9				8	
2			4					9

つか
使うすうじ　1・2・3・4・5・6・7・8・9

68

	9				2	6		
3		1						9
	4			3				8
2			9					
		8		6		3		
					3			4
1				7			5	
6						1		2
		9	8				4	

使うすうじ 1・2・3・4・5・6・7・8・9

77

がつ　にち
月　　日　

解けたら、色をぬろう

69

7					5	1		
	3	7				8		2
8			2					6
1				3			8	
		6		9				
	4		1					5
2			1					8
9		8			7	3		
	6	5						7

つか
使うすうじ　1・2・3・4・5・6・7・8・9

78

月　日　☀☁☂⛄

70

7				5				9
8			6		2			4
		4				3		
	9			4			2	
4			3		6			1
	1			8			5	
		3				7		
5			2		1			6
9				7				5

使うすうじ　1・2・3・4・5・6・7・8・9

79

月　日

解けたら、色をぬろう

71

				4	5			
	4	9				1		2
3								9
2				3			4	
		5			6			
	9			1				8
9								1
6		8				5	3	
			2	7				

使うすうじ　1・2・3・4・5・6・7・8・9

ナンバーリンク

NUMBERLINK

おなじ数字を線でつなぐパズルです。
けしごむをたくさん使って解こう。

ナンバーリンクの解きかた

「ナンバーリンク」は、
おなじ２つの数字を、線でつなぐパズルです。

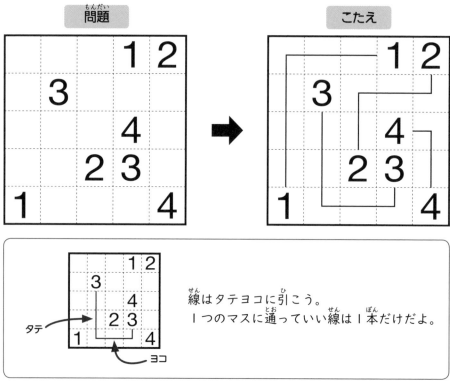

| 問題 | | こたえ |

線はタテヨコに引こう。
１つのマスに通っていい線は１本だけだよ。

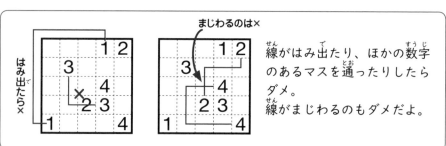

まじわるのは×

線がはみ出たり、ほかの数字
のあるマスを通ったりしたら
ダメ。
線がまじわるのもダメだよ。

数字がたくさんあるところや、はじっこから進めていこう。

解けたら、色をぬろう

1	4			3	
	5			4	
			3		
2			2		
	1			5	

解けたら、色をぬろう

					3
	1	5	2	5	
2					
	4		3	4	
		1			

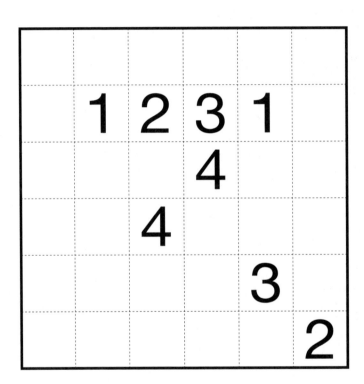

月　　日　☀ ☁ ☂ ⛄

解けたら、色をぬろう

4

					2
	4				**1**
	2	**3**			
		1			
	3			**4**	

86

月 日

解けたら、色をぬろう

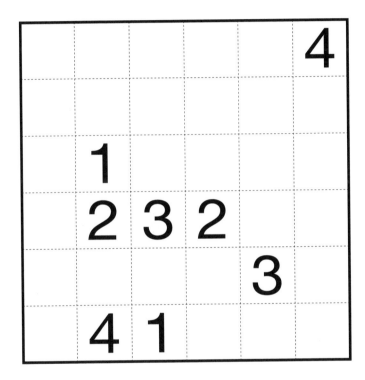

6

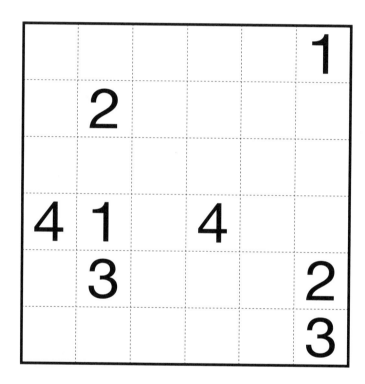

月 日

7

1					
4				3	
				2	
			1		
	3				
				4	2

月　　日　☀ ☁ ☂ ⛄

解けたら、色をぬろう

8

1	4			9			
2	3					8	
				10			
1							
							9
2		5	6				
	3				7		
6				4	8		
		5	7			10

解けたら、色をぬろう

月　日　☀ ☁ ☂ ⛄

			2	1				
	5	4	3					
						7		
		5			9			
				10			9	
	4		3					1
	6	10	8			8	7	6
2								

5						2	1	
						3	4	
			8					
				7				
				3				
6				4		8		
	5	2		7				
				6	1			

解けたら、色をぬろう

			1					
	2	3	4	5				
	6				2	4		
		5	6					
				9	8	1	7	
3	8					9		
7								

			5	4				
6							8	
5			9					
7			2					3
6					9			
			8					
	2			1				
1						4		
7	3							

3	4							
							7	
				6	2			
	6			5			5	
	1	3				7	4	
2								1

95

	1	2	3				4	
		4			3			
		5	1	7				
		6	5			6		
2	7							

				2				
	3		6	8			3	
					7			
		6					8	4
			7			1		
1					5			
	2						5	
			4					

月　日 ☀ ☁ ☂ ⛄

16

			1					2
	7							
					7			
				8	6			
		4				1		
							2	
				8	5		3	
6		3					4	
5								

```
      1 2   3 4   5
                  3
 4                6
            2     7
      8
       7
 5 8              1
       6
```

解けたら、色をぬろう

18

							1	2
		6				4		
4								
			1	6				
	5		3	5		3		
	2							

解けたら、色をぬろう

```
1       4 5 2 7
2
3
        1       6
                5
  3 4 6         7
```

20

							3	
		2	**4**					
			3		**1**	**6**		
1								
					4			
	5			**6**	**5**		**2**	

102

四角に切れ

SHIKAKU

マスを四角く切り取るパズルです。
四角い部屋をたくさん作ろう。

四角に切れの解きかた

「四角に切れ」は、
数字の大きさの四角にマスをわけていくパズルです。

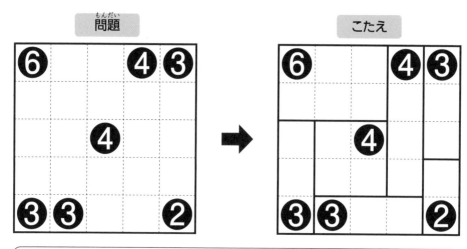

問題 → こたえ

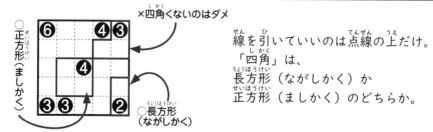

線を引いていいのは点線の上だけ。
「四角」は、
長方形（ながしかく）か
正方形（ましかく）のどちらか。

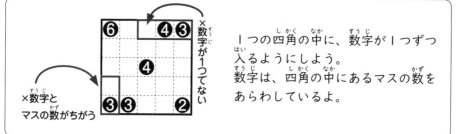

1つの四角の中に、数字が1つずつ
入るようにしよう。
数字は、四角の中にあるマスの数を
あらわしているよ。

数字がたくさんあるところや、大きい数字から考えよう。

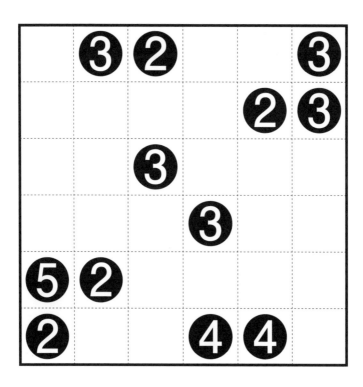

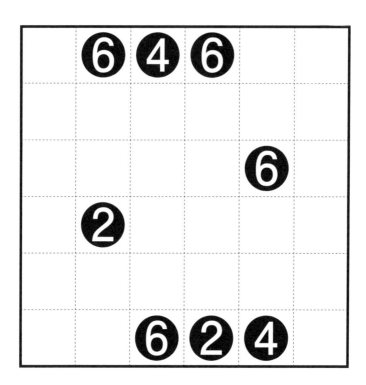

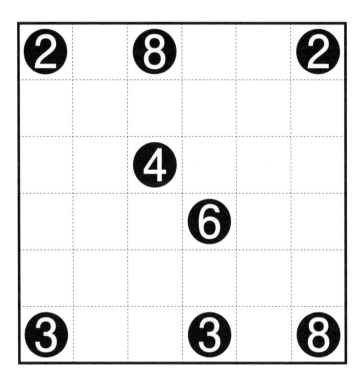

月　日 ☀ ☁ ☂ ⛄

解けたら、色をぬろう

4

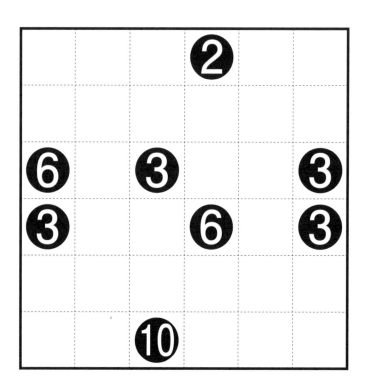

| 月 | 日 | ☀ | ☁ | ☂ | ⛄ |

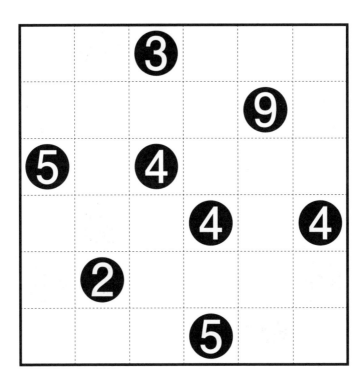

109

月 日

6

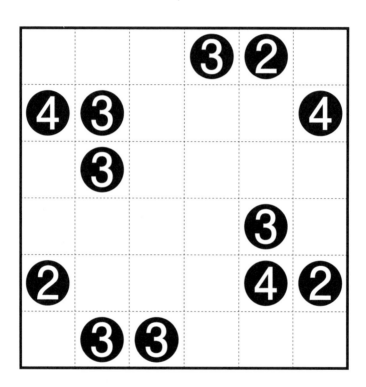

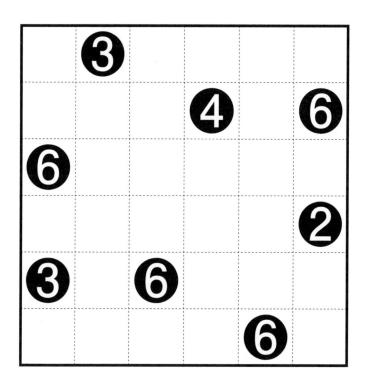

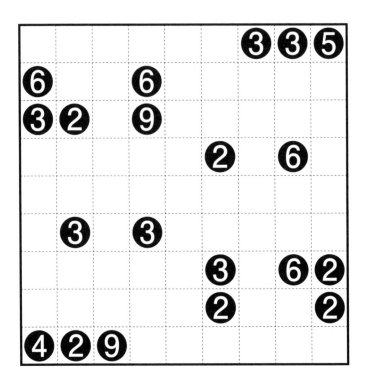

月　日

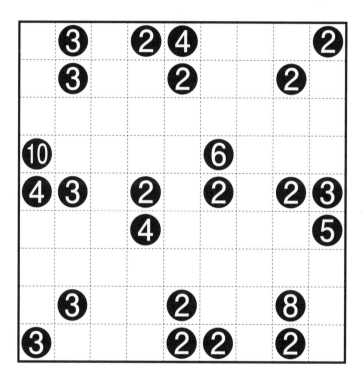

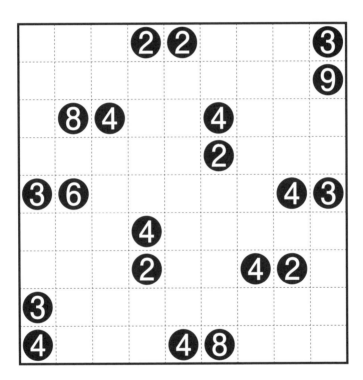

解けたら、色をぬろう

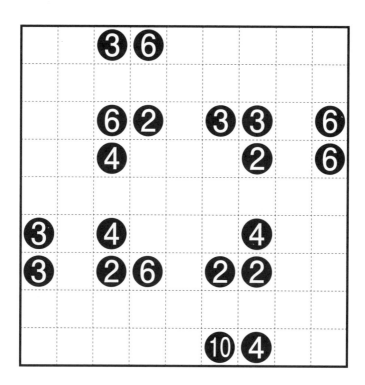

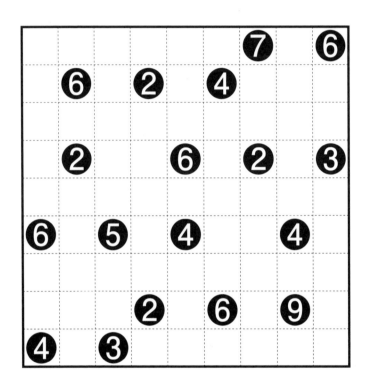

月　日

14

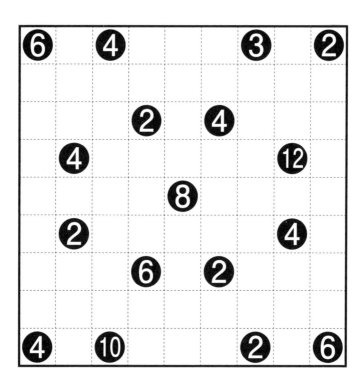

月　日　☀ ☁ ☂ ⛄

解けたら、色をぬろう

15

グリッド（9×9）内の数字の配置：

- 左上：❸
- 右上：❻、その下に❻
- 上段中央：❽
- 中央付近：❷❹、❷❻
- 左中央：❾❻、❸❷
- 下段左：❹、その下に❻
- 下段中央：❽
- 右下：❻

119

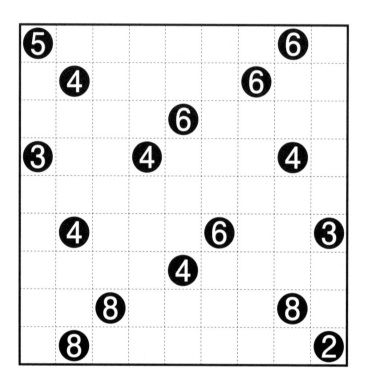

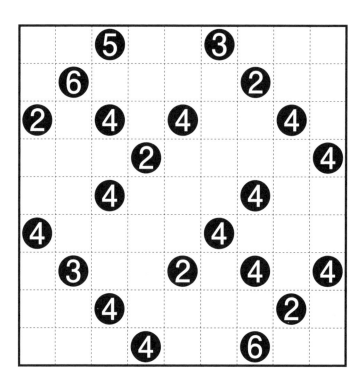

月　日　☀☁☂⛄

解けたら、色をぬろう

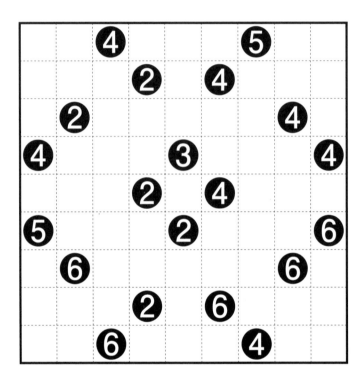

20

こたえ
SOLUTIONS

数独の こたえ

1

9	6	3	4	2	7	8	1	5
8	5	2	1	3	6	4	7	9
7	4	1	8	5	9	2	3	6
1	2	6	3	8	5	9	4	7
4	3	7	6	9	1	5	2	8
5	9	8	2	7	4	1	6	3
2	8	5	7	1	3	6	9	4
3	1	4	9	6	8	7	5	2
6	7	9	5	4	2	3	8	1

2

2	5	4	6	3	8	1	9	7
1	3	9	5	2	7	6	8	4
6	8	7	1	9	4	5	3	2
9	1	6	3	7	5	2	4	8
3	4	8	2	6	9	7	1	5
5	7	2	4	8	1	9	6	3
8	6	1	7	5	3	4	2	9
7	2	3	9	4	6	8	5	1
4	9	5	8	1	2	3	7	6

3

4	6	2	8	3	9	7	5	1
7	1	3	4	6	5	2	8	9
8	5	9	2	7	1	3	6	4
9	8	6	7	2	3	1	4	5
1	4	7	5	9	6	8	3	2
3	2	5	1	8	4	6	9	7
5	7	4	6	1	8	9	2	3
2	9	8	3	5	7	4	1	6
6	3	1	9	4	2	5	7	8

4

3	7	5	1	4	8	9	6	2
9	2	8	3	6	7	1	5	4
4	6	1	2	9	5	8	3	7
7	9	6	4	3	2	5	1	8
5	4	3	6	8	1	7	2	9
8	1	2	7	5	9	6	4	3
1	5	4	9	7	3	2	8	6
2	3	7	8	1	6	4	9	5
6	8	9	5	2	4	3	7	1

5

4	3	5	1	2	9	6	7	8
7	6	9	3	5	8	4	2	1
8	1	2	4	6	7	5	3	9
6	7	3	2	1	5	9	8	4
1	2	4	9	8	6	3	5	7
5	9	8	7	4	3	1	6	2
9	5	6	8	7	1	2	4	3
2	8	1	5	3	4	7	9	6
3	4	7	6	9	2	8	1	5

6

5	9	1	4	6	8	2	3	7
6	3	7	1	2	5	4	9	8
2	8	4	7	3	9	1	5	6
1	7	3	2	9	6	5	8	4
9	6	2	8	5	4	7	1	3
8	4	5	3	1	7	6	2	9
3	5	9	6	4	2	8	7	1
4	1	8	5	7	3	9	6	2
7	2	6	9	8	1	3	4	5

7

1	6	9	3	2	7	5	4	8
8	5	2	9	1	4	7	6	3
3	7	4	8	6	5	1	2	9
7	4	3	2	8	6	9	1	5
2	1	8	4	5	9	6	3	7
6	9	5	7	3	1	4	8	2
5	8	6	1	7	3	2	9	4
9	3	7	6	4	2	8	5	1
4	2	1	5	9	8	3	7	6

8

7	4	3	8	1	9	6	2	5
1	8	2	7	6	5	9	4	3
5	9	6	2	3	4	8	7	1
6	5	4	3	2	1	7	8	9
3	2	9	5	7	8	1	6	4
8	1	7	9	4	6	5	3	2
9	6	8	4	5	2	3	1	7
2	7	5	1	8	3	4	9	6
4	3	1	6	9	7	2	5	8

9

8	6	2	1	3	4	5	9	7
9	5	7	6	2	8	1	3	4
3	1	4	7	9	5	2	6	8
7	2	6	8	4	3	9	1	5
5	8	3	9	7	1	4	2	6
1	4	9	2	5	6	7	8	3
6	7	8	5	1	2	3	4	9
4	9	1	3	8	7	6	5	2
2	3	5	4	6	9	8	7	1

10

1	2	3	4	5	9	6	7	8
4	5	6	8	7	2	9	1	3
7	8	9	6	3	1	2	4	5
9	6	1	5	4	8	7	3	2
3	7	8	1	2	6	4	5	9
2	4	5	3	9	7	8	6	1
6	3	4	9	8	5	1	2	7
8	1	7	2	6	3	5	9	4
5	9	2	7	1	4	3	8	6

11

1	9	5	4	6	2	7	8	3
8	2	6	1	3	7	4	5	9
7	4	3	8	5	9	6	1	2
3	1	9	7	2	6	8	4	5
6	5	4	3	9	8	2	7	1
2	7	8	5	1	4	3	9	6
5	3	7	2	8	1	9	6	4
4	6	1	9	7	3	5	2	8
9	8	2	6	4	5	1	3	7

12

5	8	3	4	2	7	1	6	9
9	1	2	8	6	5	3	4	7
6	7	4	1	3	9	8	5	2
7	4	6	3	1	2	9	8	5
3	9	8	7	5	4	2	1	6
1	2	5	6	9	8	7	3	4
2	6	1	5	7	3	4	9	8
4	5	9	2	8	1	6	7	3
8	3	7	9	4	6	5	2	1

13

8	9	5	1	2	3	7	6	4
6	3	2	9	7	4	8	1	5
4	1	7	5	8	6	3	9	2
1	2	9	4	3	8	6	5	7
5	8	4	7	6	1	9	2	3
3	7	6	2	5	9	4	8	1
7	4	1	6	9	5	2	3	8
2	6	3	8	1	7	5	4	9
9	5	8	3	4	2	1	7	6

14

3	9	6	5	7	4	2	8	1
8	7	4	3	2	1	9	5	6
2	1	5	8	9	6	3	4	7
5	4	1	6	3	2	7	9	8
7	2	8	1	5	9	4	6	3
6	3	9	4	8	7	1	2	5
9	8	3	7	4	5	6	1	2
1	5	2	9	6	3	8	7	4
4	6	7	2	1	8	5	3	9

15

3	2	9	5	7	8	4	6	1
7	8	4	2	1	6	9	5	3
1	5	6	9	3	4	2	8	7
2	4	7	3	9	5	6	1	8
8	9	5	1	6	7	3	4	2
6	1	3	4	8	2	7	9	5
5	7	1	6	4	3	8	2	9
9	6	8	7	2	1	5	3	4
4	3	2	8	5	9	1	7	6

16

5	6	9	4	3	8	1	7	2
2	8	4	9	7	1	3	5	6
1	7	3	5	2	6	9	4	8
8	3	2	7	6	5	4	1	9
9	5	6	1	4	3	2	8	7
4	1	7	8	9	2	6	3	5
3	9	1	2	8	7	5	6	4
6	2	8	3	5	4	7	9	1
7	4	5	6	1	9	8	2	3

17

5	2	7	6	3	9	8	4	1
6	1	3	4	8	7	2	9	5
4	9	8	1	2	5	3	6	7
1	5	4	3	6	2	9	7	8
2	8	9	7	4	1	5	3	6
7	3	6	5	9	8	1	2	4
3	7	1	2	5	4	6	8	9
8	4	2	9	1	6	7	5	3
9	6	5	8	7	3	4	1	2

18

1	8	4	7	6	5	3	9	2
9	2	3	4	8	1	7	6	5
7	5	6	3	2	9	8	4	1
5	7	9	8	3	2	4	1	6
8	6	2	5	1	4	9	7	3
4	3	1	9	7	6	2	5	8
3	9	5	1	4	8	6	2	7
6	4	8	2	5	7	1	3	9
2	1	7	6	9	3	5	8	4

19

4	7	8	2	9	3	1	6	5
2	5	9	4	1	6	7	8	3
1	6	3	5	7	8	9	4	2
8	1	4	9	2	7	3	5	6
7	2	5	6	3	1	4	9	8
3	9	6	8	5	4	2	1	7
5	4	1	7	6	2	8	3	9
6	3	2	1	8	9	5	7	4
9	8	7	3	4	5	6	2	1

20

4	9	5	8	6	7	1	2	3
1	7	8	3	2	9	4	5	6
3	6	2	4	5	1	7	8	9
9	5	4	1	3	2	6	7	8
8	2	6	5	7	4	3	9	1
7	3	1	6	9	8	2	4	5
5	4	9	2	1	6	8	3	7
2	1	3	7	8	5	9	6	4
6	8	7	9	4	3	5	1	2

21

5	3	7	9	2	4	8	1	6
9	1	8	6	7	3	2	5	4
2	4	6	1	5	8	3	7	9
4	2	5	7	6	1	9	8	3
6	9	1	3	8	2	5	4	7
7	8	3	5	4	9	1	6	2
8	7	2	4	9	5	6	3	1
3	6	9	8	1	7	4	2	5
1	5	4	2	3	6	7	9	8

22

2	7	3	4	6	1	9	5	8
8	4	6	5	7	9	3	1	2
5	1	9	2	8	3	6	4	7
9	5	8	3	1	2	7	6	4
4	3	7	9	5	6	8	2	1
6	2	1	8	4	7	5	9	3
3	6	5	1	2	8	4	7	9
7	8	2	6	9	4	1	3	5
1	9	4	7	3	5	2	8	6

23

2	9	8	1	3	6	7	5	4
1	7	3	4	2	5	9	8	6
6	4	5	9	7	8	3	2	1
9	2	1	6	8	4	5	7	3
4	8	6	3	5	7	2	1	9
5	3	7	2	9	1	6	4	8
8	6	2	7	1	9	4	3	5
3	1	4	5	6	2	8	9	7
7	5	9	8	4	3	1	6	2

24

1	3	6	4	2	7	8	9	5
5	9	8	6	1	3	2	7	4
7	2	4	5	9	8	1	3	6
8	5	7	3	4	2	9	6	1
3	1	9	7	6	5	4	2	8
6	4	2	9	8	1	3	5	7
4	7	5	8	3	9	6	1	2
9	6	1	2	7	4	5	8	3
2	8	3	1	5	6	7	4	9

25

7	3	9	1	6	8	5	4	2
4	6	1	5	7	2	3	8	9
8	2	5	4	3	9	6	1	7
9	4	2	8	5	3	1	7	6
5	8	6	9	1	7	2	3	4
3	1	7	6	2	4	8	9	5
6	5	3	7	4	1	9	2	8
2	7	8	3	9	5	4	6	1
1	9	4	2	8	6	7	5	3

26

9	3	8	2	4	7	5	6	1
5	2	1	3	6	9	7	4	8
6	4	7	1	8	5	3	9	2
2	9	6	5	1	4	8	3	7
7	8	4	6	2	3	1	5	9
3	1	5	9	7	8	4	2	6
1	5	2	8	3	6	9	7	4
8	7	9	4	5	2	6	1	3
4	6	3	7	9	1	2	8	5

27

2	3	9	4	8	7	5	6	1
1	7	8	2	5	6	3	4	9
6	4	5	3	9	1	2	7	8
3	9	1	7	6	4	8	5	2
7	8	2	5	1	3	6	9	4
5	6	4	9	2	8	1	3	7
4	2	6	8	7	5	9	1	3
9	5	3	1	4	2	7	8	6
8	1	7	6	3	9	4	2	5

28

9	5	4	3	7	6	2	8	1
3	6	1	8	5	2	4	7	9
7	2	8	1	4	9	3	6	5
4	1	3	9	2	7	8	5	6
6	8	9	5	3	4	7	1	2
5	7	2	6	1	8	9	4	3
2	9	7	4	6	5	1	3	8
8	3	5	7	9	1	6	2	4
1	4	6	2	8	3	5	9	7

29

3	7	6	8	5	1	4	2	9
5	4	2	3	7	9	6	8	1
8	9	1	2	4	6	3	5	7
9	8	5	1	3	4	2	7	6
1	2	3	6	8	7	5	9	4
4	6	7	5	9	2	8	1	3
2	5	4	9	1	3	7	6	8
6	3	9	7	2	8	1	4	5
7	1	8	4	6	5	9	3	2

30

5	1	3	2	6	7	9	8	4
8	6	4	3	1	9	7	5	2
2	7	9	8	4	5	3	1	6
4	2	6	1	9	8	5	7	3
3	8	7	5	2	6	4	9	1
1	9	5	7	3	4	2	6	8
7	5	2	6	8	3	1	4	9
9	3	8	4	5	1	6	2	7
6	4	1	9	7	2	8	3	5

31

4	8	9	6	5	3	2	1	7
6	3	7	2	9	1	5	4	8
5	2	1	4	7	8	3	9	6
7	4	5	1	2	6	9	8	3
9	1	3	5	8	7	4	6	2
2	6	8	3	4	9	7	5	1
8	9	6	7	3	4	1	2	5
1	7	2	9	6	5	8	3	4
3	5	4	8	1	2	6	7	9

32

4	5	9	8	1	7	2	3	6
6	8	2	4	5	3	7	9	1
7	1	3	9	6	2	8	5	4
5	6	4	2	7	8	9	1	3
1	9	7	3	4	6	5	2	8
2	3	8	1	9	5	4	6	7
8	2	6	5	3	4	1	7	9
3	4	1	7	2	9	6	8	5
9	7	5	6	8	1	3	4	2

33

1	9	4	7	6	8	5	3	2
6	5	2	4	9	3	1	7	8
8	3	7	5	2	1	9	6	4
7	1	9	8	4	2	3	5	6
2	8	6	3	5	9	4	1	7
3	4	5	6	1	7	2	8	9
4	6	1	2	7	5	8	9	3
5	2	8	9	3	6	7	4	1
9	7	3	1	8	4	6	2	5

34

9	8	1	4	7	5	2	3	6
2	6	4	1	9	3	5	7	8
3	5	7	2	6	8	1	4	9
8	9	5	7	2	1	4	6	3
1	3	6	9	5	4	8	2	7
4	7	2	3	8	6	9	1	5
6	2	3	8	1	9	7	5	4
5	1	8	6	4	7	3	9	2
7	4	9	5	3	2	6	8	1

35

6	4	7	5	3	1	8	2	9
8	3	1	2	9	7	6	4	5
2	5	9	6	4	8	7	3	1
9	1	4	7	8	5	2	6	3
7	6	5	3	2	9	4	1	8
3	2	8	1	6	4	9	5	7
1	8	3	4	7	2	5	9	6
4	9	6	8	5	3	1	7	2
5	7	2	9	1	6	3	8	4

36

6	1	3	8	2	7	5	9	4
9	7	4	5	3	1	6	8	2
5	2	8	6	4	9	3	1	7
3	6	2	7	8	5	1	4	9
1	5	7	4	9	2	8	3	6
8	4	9	1	6	3	7	2	5
2	9	1	3	5	6	4	7	8
4	3	6	9	7	8	2	5	1
7	8	5	2	1	4	9	6	3

37

1	4	9	5	3	6	7	8	2
6	3	2	7	8	9	5	1	4
8	7	5	1	4	2	9	6	3
4	5	7	2	1	3	6	9	8
3	2	6	8	9	7	4	5	1
9	1	8	4	6	5	2	3	7
2	9	4	3	5	8	1	7	6
5	8	1	6	7	4	3	2	9
7	6	3	9	2	1	8	4	5

38

5	1	8	2	6	3	7	4	9
7	6	9	4	8	1	5	3	2
3	2	4	5	9	7	6	1	8
1	8	2	3	7	4	9	6	5
6	7	3	8	5	9	1	2	4
4	9	5	6	1	2	8	7	3
9	3	6	7	4	5	2	8	1
8	4	1	9	2	6	3	5	7
2	5	7	1	3	8	4	9	6

39

9	4	5	6	2	1	8	7	3
7	2	8	5	9	3	1	4	6
6	1	3	4	8	7	5	9	2
5	8	4	7	3	9	2	6	1
2	9	6	1	4	5	7	3	8
3	7	1	8	6	2	9	5	4
8	3	9	2	5	4	6	1	7
4	6	7	9	1	8	3	2	5
1	5	2	3	7	6	4	8	9

40

3	2	7	6	8	4	5	9	1
9	1	4	5	2	3	6	7	8
5	6	8	1	9	7	4	2	3
2	7	6	8	4	9	1	3	5
1	4	5	3	6	2	7	8	9
8	9	3	7	1	5	2	6	4
6	8	9	4	7	1	3	5	2
4	5	2	9	3	6	8	1	7
7	3	1	2	5	8	9	4	6

41

4	7	6	2	3	8	9	5	1
2	3	5	9	1	7	6	4	8
8	9	1	6	4	5	3	2	7
3	1	8	4	2	9	5	7	6
5	2	7	3	8	6	4	1	9
6	4	9	5	7	1	2	8	3
9	8	2	7	5	3	1	6	4
7	6	4	1	9	2	8	3	5
1	5	3	8	6	4	7	9	2

42

9	8	3	6	4	7	5	1	2
4	6	1	3	5	2	7	8	9
5	2	7	1	9	8	3	6	4
1	4	5	7	6	3	2	9	8
2	9	6	4	8	5	1	3	7
3	7	8	9	2	1	4	5	6
8	1	4	5	7	9	6	2	3
7	5	2	8	3	6	9	4	1
6	3	9	2	1	4	8	7	5

43

4	2	7	1	5	9	3	8	6
5	1	6	3	8	7	9	4	2
8	3	9	2	4	6	1	7	5
2	5	1	8	7	4	6	3	9
9	4	3	6	2	1	8	5	7
7	6	8	5	9	3	2	1	4
1	7	4	9	3	2	5	6	8
3	9	5	7	6	8	4	2	1
6	8	2	4	1	5	7	9	3

44

7	4	2	1	5	9	3	8	6
1	9	8	6	3	2	4	7	5
5	3	6	4	7	8	9	2	1
6	7	3	2	1	5	8	9	4
4	8	5	9	6	7	1	3	2
2	1	9	8	4	3	6	5	7
3	2	1	5	8	4	7	6	9
9	6	7	3	2	1	5	4	8
8	5	4	7	9	6	2	1	3

45

3	6	9	5	2	7	8	4	1
4	2	5	6	8	1	7	9	3
7	8	1	4	9	3	5	2	6
1	5	4	9	7	6	2	3	8
6	9	3	8	4	2	1	5	7
2	7	8	3	1	5	9	6	4
8	4	6	1	5	9	3	7	2
5	1	7	2	3	4	6	8	9
9	3	2	7	6	8	4	1	5

46

1	7	3	6	4	9	2	5	8
2	4	8	1	5	7	6	3	9
9	6	5	8	3	2	7	4	1
3	1	6	7	2	5	8	9	4
4	2	9	3	8	6	5	1	7
8	5	7	9	1	4	3	2	6
5	9	2	4	7	8	1	6	3
6	8	1	2	9	3	4	7	5
7	3	4	5	6	1	9	8	2

47

7	2	3	8	1	4	5	9	6
6	9	8	7	2	5	3	4	1
4	1	5	6	3	9	7	2	8
3	8	1	5	9	6	2	7	4
2	5	6	4	7	3	1	8	9
9	7	4	1	8	2	6	3	5
8	3	7	9	5	1	4	6	2
5	6	2	3	4	8	9	1	7
1	4	9	2	6	7	8	5	3

48

6	9	5	3	4	2	8	7	1
3	1	4	9	7	8	6	2	5
7	2	8	1	5	6	9	3	4
4	3	1	5	8	9	2	6	7
8	7	6	2	1	3	4	5	9
2	5	9	4	6	7	1	8	3
5	6	7	8	9	1	3	4	2
9	4	2	6	3	5	7	1	8
1	8	3	7	2	4	5	9	6

49

7	9	4	5	2	3	1	6	8
1	8	2	6	4	7	5	3	9
3	6	5	1	8	9	2	7	4
8	1	7	2	9	6	4	5	3
4	3	9	8	5	1	7	2	6
5	2	6	3	7	4	8	9	1
9	7	1	4	3	2	6	8	5
2	4	8	9	6	5	3	1	7
6	5	3	7	1	8	9	4	2

50

5	4	9	7	6	8	1	3	2
3	6	8	1	2	5	9	7	4
7	1	2	9	3	4	6	8	5
6	2	7	4	5	3	8	1	9
1	5	4	6	8	9	3	2	7
8	9	3	2	7	1	4	5	6
4	8	5	3	9	2	7	6	1
9	3	6	5	1	7	2	4	8
2	7	1	8	4	6	5	9	3

51

6	9	3	4	2	1	8	5	7
2	5	8	3	6	7	9	4	1
1	4	7	5	9	8	6	3	2
8	1	2	7	3	5	4	9	6
4	3	9	6	8	2	7	1	5
5	7	6	1	4	9	3	2	8
9	2	5	8	7	3	1	6	4
7	6	1	9	5	4	2	8	3
3	8	4	2	1	6	5	7	9

52

3	1	7	8	4	2	5	6	9
5	6	9	7	1	3	8	4	2
4	2	8	9	6	5	3	7	1
8	5	2	1	9	4	6	3	7
7	3	6	5	2	8	9	1	4
1	9	4	6	3	7	2	8	5
6	4	5	2	8	1	7	9	3
2	8	1	3	7	9	4	5	6
9	7	3	4	5	6	1	2	8

53

7	3	4	8	5	9	6	1	2
8	5	6	7	2	1	3	4	9
1	2	9	6	3	4	7	8	5
5	6	1	3	9	8	4	2	7
2	9	8	4	7	6	5	3	1
3	4	7	5	1	2	9	6	8
4	7	2	1	6	5	8	9	3
9	8	3	2	4	7	1	5	6
6	1	5	9	8	3	2	7	4

54

1	2	3	5	6	7	4	9	8
8	7	9	2	4	1	6	5	3
5	6	4	9	8	3	7	1	2
3	4	8	6	9	5	2	7	1
9	5	2	7	1	4	8	3	6
7	1	6	3	2	8	9	4	5
4	3	1	8	7	2	5	6	9
6	8	5	4	3	9	1	2	7
2	9	7	1	5	6	3	8	4

55

4	1	2	5	7	9	6	8	3
6	8	5	2	3	1	9	7	4
9	7	3	8	6	4	2	5	1
3	5	8	7	4	6	1	9	2
1	9	6	3	2	5	8	4	7
7	2	4	1	9	8	3	6	5
2	4	9	6	1	7	5	3	8
8	6	1	4	5	3	7	2	9
5	3	7	9	8	2	4	1	6

56

6	1	2	3	7	4	5	8	9
3	5	8	6	9	1	4	2	7
4	9	7	2	5	8	6	3	1
7	3	5	8	6	9	2	1	4
8	6	4	1	2	7	9	5	3
9	2	1	4	3	5	8	7	6
1	8	3	5	4	6	7	9	2
5	4	9	7	1	2	3	6	8
2	7	6	9	8	3	1	4	5

57

6	3	4	2	9	1	5	8	7
1	5	8	6	3	7	9	2	4
2	7	9	4	5	8	6	3	1
4	9	3	1	6	2	8	7	5
5	8	2	9	7	4	3	1	6
7	6	1	3	8	5	2	4	9
8	2	5	7	1	9	4	6	3
3	4	7	5	2	6	1	9	8
9	1	6	8	4	3	7	5	2

58

1	7	5	8	6	3	4	2	9
6	2	4	5	9	7	8	3	1
8	3	9	2	1	4	5	7	6
2	8	3	7	5	1	6	9	4
7	9	6	3	4	8	1	5	2
4	5	1	9	2	6	7	8	3
9	1	7	6	8	2	3	4	5
5	4	8	1	3	9	2	6	7
3	6	2	4	7	5	9	1	8

59

7	1	9	6	2	5	4	3	8
2	8	3	4	7	1	5	6	9
6	5	4	9	8	3	7	1	2
9	6	5	8	1	4	3	2	7
8	2	1	3	9	7	6	4	5
4	3	7	2	5	6	9	8	1
1	7	6	5	3	2	8	9	4
5	4	8	1	6	9	2	7	3
3	9	2	7	4	8	1	5	6

60

3	7	2	5	4	8	1	9	6
8	9	5	7	6	1	2	3	4
4	6	1	9	3	2	8	5	7
7	1	6	3	8	4	5	2	9
5	8	9	2	7	6	3	4	1
2	3	4	1	9	5	6	7	8
6	4	3	8	5	9	7	1	2
1	5	8	4	2	7	9	6	3
9	2	7	6	1	3	4	8	5

61

2	9	1	4	5	8	7	6	3
6	8	7	3	2	9	4	5	1
3	5	4	6	7	1	2	9	8
4	1	9	8	3	6	5	2	7
8	2	5	1	9	7	6	3	4
7	6	3	2	4	5	8	1	9
9	4	6	7	1	2	3	8	5
1	7	8	5	6	3	9	4	2
5	3	2	9	8	4	1	7	6

62

9	7	3	5	8	1	2	6	4
6	1	8	2	7	4	3	9	5
5	2	4	9	3	6	7	8	1
4	6	7	1	2	3	8	5	9
3	9	5	7	6	8	1	4	2
2	8	1	4	5	9	6	7	3
1	4	6	3	9	7	5	2	8
8	5	9	6	1	2	4	3	7
7	3	2	8	4	5	9	1	6

63

5	8	7	3	9	4	2	1	6
4	9	6	2	1	7	3	8	5
1	2	3	6	8	5	9	4	7
3	7	9	8	4	6	5	2	1
2	1	5	9	7	3	4	6	8
8	6	4	1	5	2	7	3	9
6	4	8	7	2	9	1	5	3
9	5	1	4	3	8	6	7	2
7	3	2	5	6	1	8	9	4

64

7	5	3	8	6	2	1	4	9
2	6	4	9	1	5	3	7	8
8	9	1	4	7	3	2	5	6
4	1	6	7	8	9	5	2	3
3	7	5	6	2	4	8	9	1
9	8	2	5	3	1	4	6	7
1	3	9	2	4	6	7	8	5
6	4	8	1	5	7	9	3	2
5	2	7	3	9	8	6	1	4

65

1	4	3	9	8	2	5	6	7
9	5	8	7	6	3	1	4	2
2	6	7	5	4	1	9	3	8
8	9	5	6	3	7	2	1	4
4	3	6	1	2	5	8	7	9
7	2	1	4	9	8	6	5	3
6	7	2	3	5	9	4	8	1
3	8	4	2	1	6	7	9	5
5	1	9	8	7	4	3	2	6

66

9	5	6	3	7	8	4	2	1
7	8	1	4	2	9	6	5	3
3	2	4	1	5	6	7	9	8
8	1	3	2	6	4	5	7	9
2	7	9	8	3	5	1	6	4
4	6	5	7	9	1	3	8	2
6	4	7	9	8	3	2	1	5
5	3	8	6	1	2	9	4	7
1	9	2	5	4	7	8	3	6

67

1	7	5	3	6	2	8	9	4
9	8	3	1	4	5	2	7	6
6	2	4	8	7	9	1	3	5
4	3	2	5	9	6	7	1	8
5	6	8	7	3	1	9	4	2
7	9	1	2	8	4	6	5	3
8	4	9	6	1	3	5	2	7
3	5	6	9	2	7	4	8	1
2	1	7	4	5	8	3	6	9

68

8	9	5	7	4	2	6	3	1
3	2	1	6	5	8	4	7	9
7	4	6	1	3	9	5	2	8
2	5	3	9	1	4	8	6	7
4	1	8	2	6	7	3	9	5
9	6	7	5	8	3	2	1	4
1	8	2	4	7	6	9	5	3
6	7	4	3	9	5	1	8	2
5	3	9	8	2	1	7	4	6

69

7	2	4	8	6	5	1	9	3
5	6	3	7	9	1	8	4	2
8	9	1	3	2	4	5	7	6
1	7	2	4	5	3	6	8	9
3	8	5	6	7	9	2	1	4
6	4	9	1	8	2	7	3	5
2	3	7	9	1	6	4	5	8
9	5	8	2	4	7	3	6	1
4	1	6	5	3	8	9	2	7

70

7	2	6	4	5	3	1	8	9
8	3	9	6	1	2	5	7	4
1	5	4	7	9	8	3	6	2
3	9	8	1	4	5	6	2	7
4	7	5	3	2	6	8	9	1
6	1	2	9	8	7	4	5	3
2	4	3	5	6	9	7	1	8
5	8	7	2	3	1	9	4	6
9	6	1	8	7	4	2	3	5

71

7	1	2	9	4	5	3	8	6
8	4	9	3	6	7	1	5	2
3	5	6	1	8	2	4	7	9
2	6	1	8	3	9	7	4	5
4	8	7	5	2	6	9	1	3
5	9	3	7	1	4	2	6	8
9	7	4	6	5	3	8	2	1
6	2	8	4	9	1	5	3	7
1	3	5	2	7	8	6	9	4

●ナンバーリンクのこたえ●

1
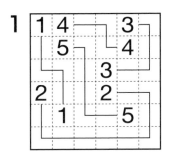

2
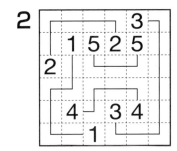

3
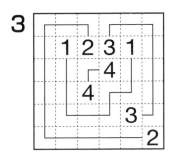

4
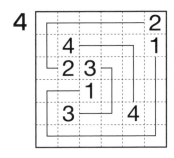

5
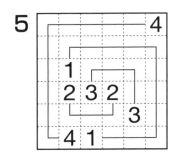

6
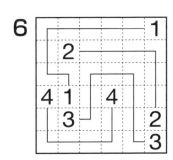

7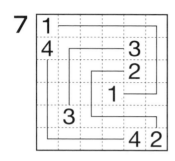

8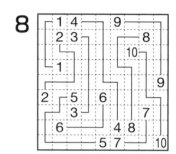

9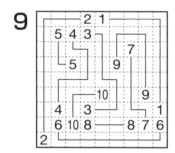

10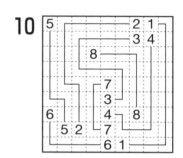

11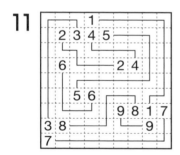

12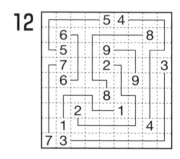

13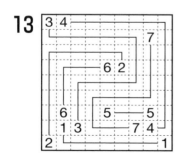

14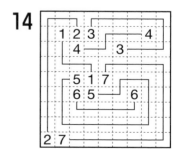

15
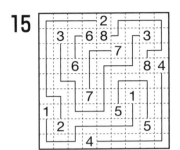

16
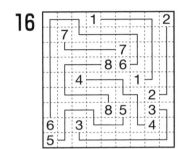

17
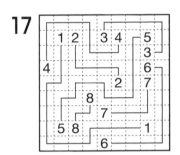

18
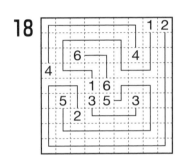

19
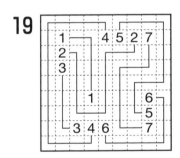

20
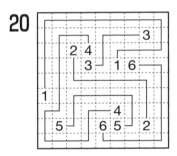

●四角に切れのこたえ●

1
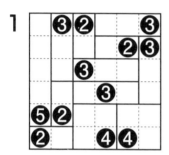

2
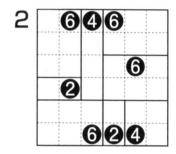

3
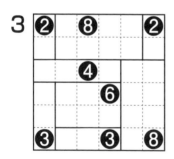

4
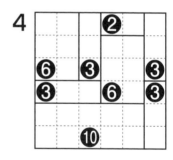

5
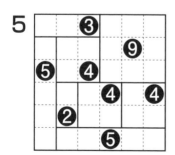

6
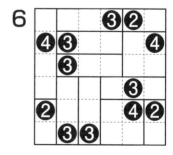

7
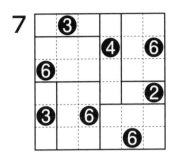

8
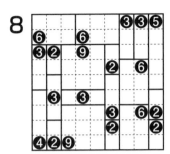

9
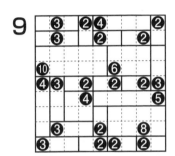

10
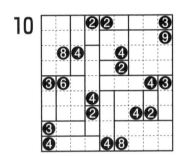

11
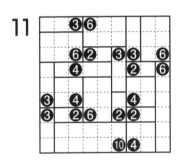

12
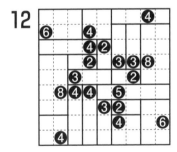

13
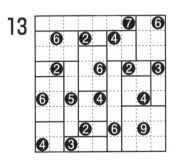

14
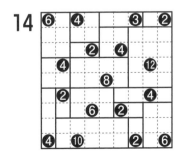

15
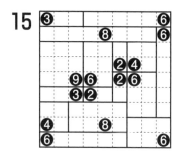

16
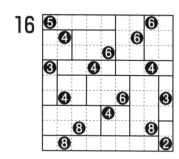

17
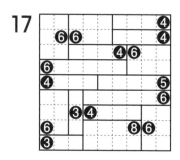

18
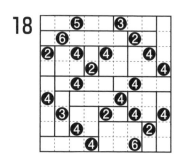

19
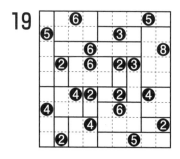

20

ニコリ出版物のお知らせ

ニコリはパズル専門の会社です。パズル出版物を多数発行しています。

*2021年3月現在の情報です。*本の定価は「本体+税」となります。

数独の本

あつまれ!! 小学生の数独 1・2・3年
あつまれ!! 小学生の数独 4・5・6年
初級!! 小学生の数独 1・2・3年
初級!! 小学生の数独 4・5・6年
中級!! 小学生の数独
上級!! 小学生の数独

●A5判
●本体各900円

小学生向け数独本シリーズです。非常にやさしい入門レベルの「あつまれ!! 小学生の数独」から、初級～上級と難易度別に発行しているので、お子さまのレベルに合ったものから始めていただけます。どれも約70問の数独と、20問ずつのナンバーリンク、四角に切れを掲載しています。

はじめての数独1、2　●A5判　●本体各600円

本書に続く難度の数独が解けるシリーズ。一般的なやさしいものから、やや歯ごたえのあるレベルのものまで96問を掲載。

スイスイやさしい数独
はっけよい! やさしい数独　●新書判　●本体各550円

「はじめての数独」「上級!! 小学生の数独」と同じくらいの難易度です。新書判で持ち運びやすい本のサイズです。

気がるに数独1～7　●新書判　●本体各650円

1冊の中で、やさしいものから難しいものまで100問の数独が解けるポケット版シリーズです。1～7巻まで発売中。

ナンバーリンクの本

ひらめきパズル絵むすび1、2
ニコリ「ナンバーリンク」初級編

●四六判
●本体各550円

本書掲載の「ナンバーリンク」と同じルールのパズルがたくさん解ける本です（絵や数字をつなぎます）。やさしい問題から始まって1冊あたり54問のパズルを掲載。

四角に切れの本

はじめての四角に切れ
●四六判　●本体500円

四角に切れを始めようという方のために、とてもやさしい問題ばかりを55問集めた本です。ルールや解き方も詳しく解説しています。

フレッシュ四角に切れ1 　●新書判　●本体620円

1冊の中で、やさしいものから難しいものまで100問の四角に切れが解けるポケット版シリーズです。

パズル通信ニコリ　●B5変型　●本体1000円

数字のパズル、言葉のパズル、絵のパズルなど、さまざまなパズルを掲載し、さらにはパズル関連記事も充実している季刊誌。3、6、9、12月の10日発売。さまざまなルールのパズルの発信源です。

数独通信　●B5変型　●本体900円

毎号投稿数独を100問以上掲載している、数独の最前線が味わえる雑誌です。2、8月の10日発売。やさしい数独から難しい数独まで、そして数独を別角度から楽しむ読み物も掲載。

ザ・点つなぎ1、5　●A4判　●本体各648円

順番どおりに線を引くだけで絵が描ける「点つなぎ」だけを50問以上解ける単行本シリーズです。中には400以上の点をつなぐ大作もあります。お子さんだけでなく、大人の気分転換としてもどうぞ。できた絵に色をぬる楽しみ方も。(2〜4巻は品切れです)

見つけた! ニコリのまちがいさがし
●B5判　●本体800円

一見すると同じように見える2つの絵の、じつは違う部分を〇カ所探しましょうというパズルが、まちがいさがしです。この本には、まちがいが1個のものから、100個のものまで計31問のまちがいさがしを掲載しています。写真のまちがいさがしもあります。

気がるにシークワーズ1、2　●新書判　●本体各650円

枠の中から指定された言葉を探すのが「シークワーズ」というパズルです。この本は1冊の中で、やさしいものから難しいものまでお楽しみいただけるポケット版シリーズです。

このほかにもパズル出版物は多数ございます。くわしくはニコリWEBページをごらんください。
https://www.nikoli.co.jp/ja/

ニコリ出版物の入手方法

●書店で買う
ニコリ出版物は全国の書店でご購入できます。店頭になくても、各書店で送料無料でお取り寄せができます。

●WEBで買う
ニコリ直販ショップを開設しています。また、Amazonや楽天ブックスなどのインターネット書店でもお取扱いがあります。
ニコリ直販ショップ
https://nikolidirectshop.stores.jp/

●ニコリに注文して買う
書店で買えない方、WEBをご覧になれない方は、下記のニコリ通販担当までご連絡ください。ご案内をお送りします。

※ニコリ直販ショップ、ニコリにご注文の場合は、一部商品を除き、別途送料手数料がかかります。

●お問い合わせ
(株)ニコリ　通販担当
〒103-0007　東京都中央区日本橋浜町3-36-5
　　　　　　日本橋浜町ビル3F
TEL：03-3527-2512
E-mail：penta@nikoli.co.jp

Rules of Sudoku

1. Place a number from 1 to 9 in each empty cell.
2. Each row, column, and 3x3 block bounded by bold lines (nine blocks) contains all the numbers from 1 to 9.

Rules of Numberlink

1. Connect pairs of the same numbers with a continuous line.
2. Lines go through the center of the cells, horizontally, vertically, or changing direction, and never twice through the same cell.
3. Lines cannot cross, branch off, or go through the cells with numbers.

Rules of Shikaku

1. Divide the grid into rectangles with the numbers in the cells.
2. Each rectangle is to contain only one number showing the number of cells in the rectangle.

上級!! 小学生の数独

● 2021年３月10日　初版第１刷発行
● 発行人　鍛治真起
● 編集人　菱谷桃太郎
● 発行所　株式会社ニコリ
　　〒103-0007　東京都中央区日本橋浜町3-36-5-3F
　　TEL:03-3527-2512
　　https://www.nikoli.co.jp/
● 表紙デザイン　Yama's　Company
● 本文デザイン　川嶋瑞穂
● イラスト　みりのと
● 印刷所　株式会社光邦
・禁無断転載
©2021　NIKOLI Co., Ltd.　Printed in Japan
ISBN978-4-89072-386-7 C8076
・乱丁、落丁本はお取り換えいたします。
・「数独」「ナンバーリンク」は、(株)ニコリの登録商標です。

nikoli

PUZZLE